AF347375

LE
R. P. MAILLARD

MISSIONNAIRE DU CAMBODGE

NOTICE BIOGRAPHIQUE

ET

LETTRE DU R. P. GROSGEORGE

Supérieur du Séminaire de Cu-Lao-Gieng

LONS-LE-SAUNIER

IMPRIMERIE ET LITHOGRAPHIE DE J. MAYET ET Cⁱᵉ

20, Rue St-Désiré, 20

1888

IMPRIMATUR :

Lons-le-Saunier, 25 janvier 1888.

L. PERRARD,

Vicaire général.

LE R. P. MAILLARD

MISSIONNAIRE APOSTOLIQUE AU CAMBODGE.

M. l'abbé Maillard Jacques-Joseph-Félicien né à *Sermange* (Jura) le 1er janvier 1859. Sa piété, la vivacité de son intelligence, l'honorabilité de sa famille le désignèrent au choix du Pasteur de la paroisse, pour en faire un élève du sanctuaire. Le jeune Félicien fut donc envoyé dans les Petits-Séminaires, où il acheva le cours de ses études littéraires.

A la rentrée de 1879, il commença sa théologie au Grand séminaire de Lons-le-Saunier et fut ordonné sous-diacre le 3 juin 1882. Avec l'autorisation de Monseigneur l'évêque de Saint-Claude, au mois de septembre, il entrait au séminaire de la Société des Missions étrangères en même temps que M. l'abbé Robez, de la Mouille, de si pieuse mémoire (1).

Ordonné prêtre à Paris le 21 septembre 1883, le jeune missionnaire vint faire ses derniers adieux à sa famille et à ses amis, puis, le 25 novembre suivant, partit pour sa mission du *Cambodge ;* onze prêtres de la Société des Missions étrangères l'accompagnaient « tous bien contents, dit-il, bien gais, bien généreux et pleins de charité. »

Le « *Djemnah* » c'est le nom du vaisseau qui portait les douze jeunes missionnaires, favorisé par un beau temps, voguait à toute vapeur ; à bord tout était à la joie ; on relâche à *Naples*. à *Port-Saïd*, à *Aden*. à *Colombo*, et enfin, le 26 décembre, on aborde à *Saïgon*. De là, un vapeur remontant le *Mékong* transporte le jeune missionnaire avec un de ses confrères, le P. Barbier du diocèse de Besançon, à Cu-lao-Gièng, au séminaire de la mission ; quelques jours après, le 18 janvier, le P. Maillard se rendit à *Nangu* où, sous la direction du P. Sauvebois

(1) M. l'abbé Robez mourut au Séminaire des Missions Etrangères à Paris, le 29 mars 1883.

(1) il apprit les premiers éléments de la langue annamite. Après quinze jours, le R. P. Janin, du Jura, provicaire, un vieux missionnaire, (:4 ans de Cochinchine), plein de cœur et très hospitalier, la manda à *Sadec* pour achever de le former à la vie de mission. Déjà son âme d'apôtre se trahit à chaque page de ses lettres, comme à chaque pas de ses courses apostoliques ; son cœur tressaille quand il amène quelque brebis au bon Pasteur, « Depuis mon arrivée, écrit-il le 30 février 1884, j'ai déjà baptisé quatre adultes et une dizaine de petits enfants, la semaine dernière j'ai baptisé une petite fille trouvée le matin au pied d'un arbre, où sa mère l'avait abandonnée. Détail horrible, les fourmis lui avaient mangé presque toute la peau. Ce petit martyr est mort deux jours après, et maintenant il est au Ciel où il me prépare, je l'espère, une place à ses côtés. Quand je ne serais venu en Cochinchine que pour sauver cet enfant, je mourrais content. Ce sont là de grandes consolations qui dédommagent largement le missionnaire de ses peines et de ses travaux. » Il pouvait dire alors comme il l'écrivait à ses parents : « Soyez certains que votre missionnaire du Cambodge est le plus heureux des hommes. »

Enfin, le P. Maillard était prêt à entrer en district ; Monseigneur Cordier, vicaire apostolique l'envoya près du royaume de *Siam* (2) à *Ta-âm*, au milieu d'une immense forêt, où il s'agissait de relever une chrétienté. La distance de Nangu à Ta-âm est de quinze jours de barque ; là on est loin de tout confrère, à huit jours de *Pnomh-Penh*, à dos d'éléphant, à huit jours de barque de *Bank-koc*, à trente-six heures de *Battambang*, mais « qu'importe, dit-il, j'irais jusqu'au bout du monde pour sauver une âme. »

Le missionnaire va donc s'établir sur le bord d'un *arroyo* tortueux : mes chrétiens, dit-il le 14 juillet 1884, sont actuellement occupés à me construire une maison. En attendant, je loge dans une petite église qui me sert de salle à manger, de chambre à coucher et de salle de réception : car ici nous sommes juges de paix ; y a-t-il une querelle de ménage, on va trouver le Père, et c'est ordinairement celui qui a tort qui vient le premier pour essayer d'avoir raison ; un débiteur refuse-t-il de payer une dette, c'est le Père qui décide ; les païens eux-mêmes viennent souvent réclamer l'appui ou la décision du Père ; tous sont heureux d'avoir un arbitre impartial pour juger leurs différends. » Aussi, sont-ils heureux d'avoir un Père au mi-

---

(1) Du diocèse de Gap.

(2) La mission du Cambodge s'étend sur le Cambodge, une partie du royaume de Siam et une partie de la Cochinchine française.

lieu d'eux : à son arrivée, « ils ont demandé la permission de
tuer un cochon et un bœuf, tout le village, hommes, femmes
et enfants ont fait un splendide festin. » Et quelle bonté, dans
ce Père ! chaque soir sa petite famille se réunit chez lui : « Les
hommes, dit-il, viennent s'asseoir sur mon plancher, en cercle
autour de moi et nous causons en famille. Ils me posent mille
questions sur la France, sur ma famille, si je suis riche, ce
que font mes parents, etc. » Et puis, il s'occupe des intérêts
matériels de ses chrétiens : il leur apprend à défricher le sol,
à planter des arbres fruitiers ; grâce à son dévouement à son
zèle, il est aimé de tous et Dieu bénit son ministère ; il voit
grossir le petit noyau de ses familles chrétiennes ; en peu de
temps le nombre s'élève de trente à cinquante ; les Cambod-
giens eux-mêmes, attachés au boudhisme et plus difficiles à con-
vertir que les Annamites sans culte, s'ébranlent et demandent
le baptême.

Enfin, il est installé. Sa hutte en bois couverte de chaume,
est, après les pagodes cambodgiennes, le plus bel édifice de la
province ; le rez-de-chaussée est pour les poissons pendant
l'époque de l'inondation, qui dure deux mois ; le Père a l'étage
composé de deux chambres et deux cabinets ; deux domesti-
ques l'un de seize ans, l'autre plus jeune, deux gracieux petits
chiens objet de la convoitise et des carresses des annamites ;
une perruche et trois chats, voilà toute sa maison. Le riz forme
le principal de la nourriture ; « pour le reste, l'*arroyo* four-
nit du poisson en abondance ; la basse-cour, de la viande à
satiété, et un petit jardin, des légumes à discrétion ; » de
temps en temps un oiseau, fruit de la chasse du Père vient aug-
menter le menu. La cuisine, il est vrai n'est pas bien délicate,
le garçon ne trouve pas dans un bœuf un plat convenable et
demande au Père s'il faut casser les œufs pour faire une ome-
lette.

Mais le missionnaire était heureux et dans ses lettres on
sent percer sa joie : Il écrit, le 25 octobre 1884 : « J ai actuellement cent cinquante chrétiens habitant de misérables huttes en
bambous et s'occupant à scier des planches ou à prendre du
poisson. Je compte en outre une trentaine de catéchumènes,
plus deux familles Cambodgiennes... Je crois remarquer
parmi les païens quelques indices de conversion. J'espère
avoir plus tard une belle chrétienté »; et le 25 janvier 1885: «je
viens d'admettre à la première communion une dizaine d'enfants et d'administrer le baptême à un nombre égal de catéchumènes, j'en réserve une trentaine d'autres pour la fin de l'année,
lorsque Monseigneur viendra chez moi administrer le Sacrement de Confirmation. »

Pour être mieux l'instrument de la Providence, il se dispose à apprendre la langue cambodgienne, le siamois ou peut-être un dialecte chinois. Mais tandis que tout sourit au jeune missionnaire, tandis qn'il rêve le plus bel avenir pour sa chrétienté, le Seigneur vient renverser tous ses projets. Vers le mois de septembre 1885 une toux incessante, des accès de fièvre, une grande faiblesse déterminaient le missionnaire à se rendre au *Sanatorium de Hong-Kong*.

Là, il retrouvait une famille; une quinzaine de confrères e un supérieur plein de bonté pour lui « le P. Patriat, dit-il, un bourguignon, (1) de l'âge de mon Père, brave homme comme lui, belle voix comme lui, du reste excellent cœur. Confié à un médecin expérimenté, à des religieuses dévouées, il s'abandonnait entre les mains de Dieu ; il priait surtout Notre-Dame de Lourdes : « j'intéresse la Ste Vierge à ma cause, écrit-il à ses parents, avec son aide j'espère que je finirai par triompher du mal, si cependant, il fallait mourir, je tiens a vous dire que je n'aurais aucun regret de mourir si jeune ; je suis bien résigné à la volonté du bon Dieu : « Pas une souffrance de moins, pas une minute de plus » (11 janvier 1886). Ce langage était digne de saint François-Xavier dont le P. Maillard venait de visiter le tombeau à l'île *Sancian*.

A ce moment, dans le cœur du jeune homme, l'amour de la vie avait encore de profondes racines ; il faisait encore des projets d'avenir ; il ne parlait que de ses chrétiens : « ces pauvres gens, dit-il, sont actuellement occupés à arracher de la forêt les colonnes de leur église. » Il parlait de sa mission avec l'entrain de ses plus beaux jours.

Cependant il constatait l'inutilité des soins qu'on lui prodiguait au *sanatorium* ; et puis, écrit-il, je suis en mal du Cambodge, de mes confrères, de mes chrétiens, il me tarde de revoir tout cela, il vient donc à Cu-lao-Giéng : « j'ai fait, dit-il, comme les hirondelles, qui, à l'approche des premiers froids, émigrent vers des climats plus doux. « Le climat de Cu-lao-Giéng, était à plus d'un titre bien doux au bon Père; là il se trouvait au séminaire, dans sa mission, avec « de charmants confrères », près des sœurs de l'orphelinat dont il recevait les soins. Il ajoute: « incapable de tout travail, épuisé par la moindre fatigue, je continue à consumer ma vie, en attendant le jour où il plaira à Notre-Seigneur de m'appeler à Lui » *Tempus resolutionis meæ instat*, lui dis-je tous les jours avec St-Paul. Dans les loisirs forcés que me fait la maladie, je prie pour mes parents, mes amis et ces pauvres païens que j'étais venu évangéliser. A mon

(1) De Dijon.

retour de Hong-Kong, j'ai voulu, malgré ma faiblesse; aller jus-qu'à Ta-àm, visiter ceux qui furent mes premiers et seront, hé-las ! mes derniers enfants. Ces pauvres gens m'ont revu avec joie, tout en s'apitoyant sur l'état de ma santé si faible... Ne m'oubliez pas auprès des pieuses filles du Carmel de Lons-le-Saunier, dites-leur bien de prier pour moi, de prier la bonne Mère de faire un miracle en ma faveur. » (16 décembre 1886)

« Je ne sais pas quand Dieu voudra m'appeler à lui, écrit-il à son oncle et à sa marraine, mais que sa volonté soit faite ; je tàche de me tenir prêt le plus possible, afin qu'au premier si-gnal, je puisse dire : « me voici, Seigneur ». (2 janvier 1887).

Dès lors il avait accepté la mort sans réserve : il écrivait à un de ses amis, le R. P. Bourgeois missionnaire à *Thu-duc* (Co-chinchine occidentale); « Quand on m'a fait connaître la gra-vité de ma maladie, cela m'a fait de la peine. Mourir si jeune quand on est venu de si loin pour travailler, c'est ennuyeux! Et mes pauvres chrétiens qui n'ont personne au milieu de leurs forêts! vous comprenez que c'est dur. Mais après tout, vivent le sacrifice et la volonté du bon Dieu! J'ai mis près de huit jours pour me résigner. Aujourd'hui, c'est fait, et je suis aussi joyeux que jamais ». Et, ajoute le R. P. Bourgeois, « c'était vrai, tel je l'ai rencontré à ma dernière visite ; il était gai, tou-jours le sourire sur les lèvres. C'était l'abbé Maillard tel que vous l'avez vu dans ses meilleurs moments, mais avec ce je ne sais quoi de sympathique et de doux que la douleur répand sur les traits, avec l'épanouissement d'un cœur qui voit le Ciel s'en-tr'ouvrir, avec cette suave expansion d'une âme qui a la ferme confiance de voir bientôt Notre-Seigneur en Paradis ».

On retrouve l'expression de cette parfaite résignation, de cette admirable sérénité, dans une lettre du jeune missionnaire à ses parents, le 4 septembre 1887 :

« J'attends patiemment, dit-il, le jour de ma délivrance. J'ai célébré le Saint Sacrifice pour la dernière fois le jour de la Pentecôte. J'ai remercié Dieu de toutes les grâces qu'il m'a accordées depuis le jour de ma naissance, et lui ai offert le sacrifice de ma vie. Et maintenant, j'attends tranquillement que sa volonté se fasse. »

Tous les matins, à sept heures, alors qu'il est à peu près mi-nuit en France, un des confrères du Séminaire m'apporte la Sainte Communion dans ma chambre. Je ne garde pas le lit, mais je reste assis dans mon fauteuil, et pendant que vous vous reposez des fatigues de la journée, je prie notre doux Sau-veur qui vient ainsi me visiter dans ma maladie de veiller sur vous tous et de vous protéger contre tout péril.

Il est doux de penser que, malgré la distance, nous restons

unis par les liens de la charité et de la prière, et d'avoir l'espérance d'être de nouveau réunis tous, un jour, pour aimer Dieu et le louer éternellement avec les Anges et les Saints ».

Suivent les salutations ; elles s'adressent à son père et à sa mère à qui il promet ses prières, « le meilleur témoignage de tendresse que puisse donner son cœur de fils et de Prêtre ; elles s'adressent à ses frères, à ses sœurs, à ses parents de Jallerange, de Malange, au curé de sa paroisse natale, à tous ceux qui lui ont fait quelque bien ; il n'oublie personne. C'étaient ses derniers adieux.

Un Prêtre (1) qui fut pour le cher malade à la fois un ami et un père achèvera notre récit ; notre missionnaire arrivait au seuil du Paradis.

1) Le R. P. Grosgeorge, du diocèse de St-Dié.

LETTRE DU R. P. GROSGEORGE

Supérieur du Séminaire de Cu-Lao-Giêng

Cù-lao-Giêng, par Long-Xuyen (Cochinchine francaise)
le 24 novembre 1887.

Que N. S. qui se plaît à être la consolation des affligés, verse dans votre cœur le baume de sa grâce pour adoucir la blessure que cette lettre ne manquera pas d'y produire.

Le sacrifice que depuis de longs mois vous vous attendez à être appelé à faire, a été accompli le 19 novembre à 2 heures du matin. Vous avez perdu un fils affectueux, la joie de votre famille, et nous, nous avons perdu un bon missionnaire et un charmant confrère : le P. Maillard a rendu sa belle âme à Dieu un samedi comme il le désirait, et il a été enterré un jour de fête consacré à la Ste Vierge, le jour de la Présentation, comme il l'avait souvent demandé à la bonne Mère, par dévotion pour elle et par confiance en sa puissante intercession.

Je ne vous dirai pas les diverses phases de sa maladie, son séjour à *Hong-Kong* où la science des médecins et les soins si affectueux de nos confrères du Sanatorium n'ont pu enrayer la marche de sa maladie, son arrivée à *Cù-lao-Giêng* où il avait demandé de venir terminer ses jours afin de mourir comme un vrai soldat du Christ, au poste, c'est-à-dire dans la mission que le bon Dieu lui avait assignée : dans ses lettres précédentes, il a dû vous raconter cela mieux que je ne le ferais.

Au quinze août dernier, il voulut aller visiter l'orphelinat de *Cù-lao-Giêng*, et remercier les Sœurs des soins qu'elles lui prodiguaient. Quand nous étions tous réunis autour de lui, je lui dis : « Voyez, Père, je finirai peut-être par gagner mon procès : Vous vouliez mourir le jour que la Ste Vierge est montée au ciel, et vous allez mieux ». « Oui, me répondit il, je me suis réabonné jusqu'à la Toussaint. Tout de même, c'est la dernière fois que je viens, ou plutôt que je suis porté ici. »

Vers le 15 septembre, les averses journalières qui tombaient le fatiguèrent beaucoup. Des confrères qui étaient venus pour le voir et assister à l'ordination du 24 septembre, me firent part de leurs craintes et me dirent que, vivant continuellement avec lui, je ne me rendais pas compte du progrès de la maladie. J'allai donc le trouver et lui dis : « Père, les pluies qui tombent par torrent et le temps lourd qui sépare un orage de l'autre, vous fatiguent beaucoup; ne croyez-vous pas qu'il serait prudent pour vous de recevoir l'Extrême-Onction pendant que vous avez encore quelques forces ? vous la recevriez peut-être plus dévotement et par conséquent avec plus de fruits ; les confrères qui sont venus vous voir, seraient heureux aussi d'unir leurs prières aux nôtres. » — « Je ne sais pas, mais vous, que pensez-vous ? Je veux savoir votre sentiment » — « Vivant avec vous continuellement, je crains de me faire illusion, de vous croire mieux que vous n'êtes. » — « Dans ce cas, donnez-moi l'Extrême-Onction. »

Après l'ordination, tous les Pères et les élèves se réunirent, et notre cher malade reçut l'Extrême-Onction avec les plus grands sentiments de piété, répondant lui-même à toutes les prières.

Le lendemain, il allait mieux : « Je ne sais, disait-il, si c'est « l'effet du Sacrement, ou bien la joie que je partage avec vous de « voir vos premiers élèves devenir diacres ; quoiqu'il en soit, « je me sens mieux ; cependant je sais qu'il n'y a plus rien là- « dedans (en montrant sa poitrine.) »

Quelques jours avant le mois de novembre, le mieux avait cessé ; néanmoins le jour de la Toussaint, tous les Professeurs du Séminaire se trouvant réunis dans sa chambre, je lui dis : « Père, votre abonnement cesse aujourd'hui, il faut en prendre un autre jusqu'à Noël. » — « Ah ! pour cela, non, dit-il vivement, si je vis encore, je crois que c'est grâce aux prières de mes Parents ; maintenant, au jour le jour. » — « Mais savez-vous que vous m'embarasseriez fort si vous mouriez alors que l'inondation se trouve partout ; je ne saurais où vous enterrer. Voyons, un peu de bonne volonté, prenez un réabonnement » — « Non, non ; le bon Dieu saura vous tirer d'affaire. »

Le soir, devant m'absenter pour un jour et demi, j'allai lui dire au revoir. Il me dit : « Ça me fait bien de la peine que vous « vous absentiez; vous ne pouvez cependant pas remettre vo- « tre voyage ; mais revenez le plus tôt possible : vous serez ici « après-demain, n'est-ce pas? » Je le lui promis. — « Quand « je serai mort, vous écrirez tout de suite à ma famille. Vous « direz à mon Père que je suis mort dans la foi catholique, la « foi qu'il m'a enseignée,... que je suis mort comme on doit y « mourir. » — Et puis ? » — « Et puis?... fit-il en me regardant, « c'est tout ce que mes parents désirent savoir ; ce sera leur

« unique consolation, et ils la trouveront suffisante... Vous
« leur direz aussi que je meurs content, sans aucun regret. Je
« n'ai pas fait grand chose en mission ; c'est l'affaire du bon
« Dieu ; j'aurais bien voulu travailler davantage et plus long-
« temps ;..... et puis je meurs en mission, c'est déjà quelque
« chose ;... je ne regrette pas de m'être fait missionnaire quand
« même j'aurais pu vivre plus longtemps en France :... la mort
« est plus douce pour un missionnaire. » — Nous nous em-
brassâmes sans presque rien dire.

J'allai devant notre Séminaire attendre le passage du bâteau.
Comme je désirais qu'il ne passe pas ! Vers deux heures du
matin il arriva, et je partis la tristesse dans le cœur.

Le 2 novembre à souper, je dis au confrère chez lequel je
me trouvais : « Si vous saviez quelles angoisses j'éprouve depuis quelques heures ! il doit se passer quelque chose au Séminaire. »

Le 3 novembre je dis la messe à 5 heures du matin, et partis
pour attendre le bâteau qui devait me ramener. Je dus attendre
plus de quatre heures ; enfin, j'arrivai en face de notre Séminaire à 3 heures 1/2 du soir.

Du bâteau, je vis quelques élèves qui venaient à ma rencon-
tre, mais aucun signe de joie, puis un de mes confrères, puis,
chose insolite, une sœur. Je ne pus m'empêcher de m'écrier :
« O mon Dieu, qu'est-il donc arrivé ? » On me répondit : « Hâ-
tez-vous ; le père a eu une crise hier soir ; il réclame continuellement après vous. On a différé de lui donner l'Extrême-Onction jusqu'à une heure de l'après-midi ; il craint une nouvelle
crise. » — Je courus à sa chambre, je l'embrassai, il me dit :
« Je pensais ne plus vous revoir ; » et nous nous mîmes à pleu-
rer l'un et l'autre sans rien dire. Le soir il me dit : « Ne me
quittez plus, n'est-ce pas ; je sens qu'il se fait un travail dans
mon côté gauche. »

Le 4 novembre, en m'éveillant, je lui dis : « Père, aujour-
d'hui c'est l'anniversaire de la mort de ma mère ; je vais lui
chanter une messe ; est-ce que vous ne lui ferez pas la charité
d'un peu de vos souffrances pour alléger les siennes, si elle est
encore en Purgatoire ? » — « Oui, oh ! comme nous avons fait
« souffrir nos mères ! et néanmoins, comme elles doivent être
« heureuses de nous voir missionnaires ! tandis que tant d'au-
« tres meurent... je ne sais comment. » — « Eh bien ! puisque
nous avons tant fait de mal à nos mères, et nous ne savons pas
encore tout, il faut au moins que nous leur donnions quelque
chose en compensation ; moi, je vais dire une messe pour ma
mère aujourd'hui, et vous, que donnez-vous à la vôtre ? » —
« Je prierai aussi pour elle. » — « Mais si vous lui envoyiez

un souvenir? » — « Ah ! oui, j'y ai bien pensé : vous lui en-
« verrez mon St-Michel, (statuette qu'il avait sur sa table de
« travail); c'est le patron de la paroisse de ma mère. » — « Et
« à votre père? » — « Pour mon Père, me dit-il avec énergie,le
« Christ qui ne m'a jamais quitté et avec lequel je veux mourir,
« et vous lui direz que je meurs avec Celui qu'il m'a enseigné
« à aimer... Vous enverrez aussi tous mes chapelets, et sur-
« tout celui que je porte à mon cou... (*en souriant*) : je le
« laisse là, afin que la Ste Vierge me prenne par le cou pour
« me traîner au ciel sans que je puisse regimber. » — « A qui
« donnez-vous vos chapelets ? » — « Mon Père sait bien à qui
« les distribuer. »

Le soir nous parlâmes du cousin professeur de philosophie,
des frères, des sœurs, de celle de Marnay. Entre autres choses
il me dit ces deux mots qui m'ont frappé davantage : « Si ma
sœur la jeune ne se fait pas religieuse, ce ne sera pas ma faute,
car je tâcherai de pousser à la roue » — « et mon petit frère,
comme je voudrais qu'il devint prêtre !... » — « Eh bien, que
feriez-vous ? » — Il ne répondit pas ; j'ai cependant cru entre-
voir sa pensée, et si ce petit frère tant aimé devient prêtre, je
prie de m'en avertir moi, ou celui qui me remplacera comme
Supérieur du Séminaire, car j'ai communiqué à mes confrères
ce qu'il me semblait avoir compris.

Les jours suivants furent plus calmes. Chaque jour, depuis
la crise du 2 novembre, deux Religieuses Françaises (1) le
veillaient pendant la première partie de la nuit, où il souffrait
davantage, et les Pères Turlin, Valour, Thierry, professeurs du
Séminaire, le père Gazignol (2) missionnaires de *Cù-lao-Giêng*,
quelquefois le Père Barbier, (3) qui est venu en mission avec
lui, et moi, alternions pour le reste de la nuit ; en outre deux
élèves étaient toujours de garde nuit et jour. Comme son lit
n'était séparé de ma table de travail que par une cloison de 10
centimètres, j'entendais tout ce qui se passait dans sa chambre,
et à la moindre chose extraordinaire, j'étais chez lui.

A partir du 10 novembre non seulement les jours étaient
plus calmes, mais les nuits le devinrent aussi, et il avait bon
repos. Vers le 15, il me dit : « Vous devez être fatigué. « Je lui
répondis: « Non, nous sommes assez nombreux, ne vous inquiétez
de rien. » — « Cependant, je n'ai pas besoin de tant de soins »

---

(1) Les Religieuses de la Congrégation de la Providence de Portieux
Vosges) tiennent l'orphelinat et l'hôpital de Cù-lao-Giêng.
(2) Le Père Turlin, du diocèse de Besançon : le Père Valour, du diocèse
du Puy ; le Père Thierry du diocèse de Lyon ; le Père Gazignol, du diocèse d'Alby.
(3) Du diocèse de Besançon.

— « Je vous ai déjà dit plusieurs fois que, me proposant bien
de faire enrager les autres quand je serai malade, tous les autres ont droit de me faire enrager tant que je serai bien-portant.
C'est donc un service que vous me rendez en me fournissant
l'occasion de prêter d'avance,... ensuite, vous êtes facile à
garder ; vous êtes toujours gai, et vous avertissez quand vous
n'êtes pas d'humeur à rire. » — « Ça ne fait rien, les Pères et
les Sœurs sont fatigués ; faites coucher un élève dans ma
mousticaire « (sa mousticaire tenait presque toute la chambre).
« puis un autre dans ma seconde chambre, et c'est suffisant. »
— Je dus me rendre. J'avertis l'élève qui lui servait de domes-
tique, depuis son arrivée à *Cù-lao-Giêng*, de coucher dans la
mousticaire du Père, comme il le faisait depuis qu'il était de-
venu en danger jusqu'au moment de la crise. Cet enfant, heureux de reprendre sa charge, et de garder « son bon Père, »
arrive le soir, avec une grande baguette de bambou très légère,
au bout de laquelle il avait assujetti un clou : « Père, il y a des
fois où je dors si fort que vous êtes obligé de m'appeler plusieurs fois, ça vous fatigue, ne m'appelez plus, prenez cette baguette de bambou et piquez-moi, c'est plus facile, » — Notre
bon malade dut rire ; et à chaque visiteur il montrait la baguette de son *Thien* (nom de l'élève), expliquant l'usage que
celui-ci voulait qu'il en fît.

Le lendemain, le calme continuait ; la nuit avait été excel-
lente ; je lui dis : « Aujourd'hui, Père, peut-on rire avec vous? »
— « Oui, un peu, mais ne me faites pas trop rire : ça me fait
mal au côté. » — « Eh bien ! je vous parle sérieusement alors.
Le 17 commencent les examens généraux ; le 23 tous les élèves seront partis en vacances : de toute nécessité il faut prendre un réabonnement jusqu'à la rentrée, au mois de janvier, et
alors nous verrons plus tard. » — Il sourit en me répondant :
« Oh non, mon pauvre Père : au jour le jour, je sens que le
bon Dieu m'appelle. »

La journée du 17 fut calme et même joyeuse. Le 18 au matin, je le trouvais un peu affaibli. Je consultai Sœur Pulchérie,
la sœur des malades, qui me répondit: « C'est la fin ; elle a
commencé le 2 novembre, le Père sera mort avant la sortie
des élèves ; j'ai fait la même remarque que vous ; attendons
quelques heures, il sera plus facile de voir. » — A 9 h. 1/2
j'allai le visiter, il était bien essoufflé. La sœur me dit: « J'ai
des craintes qu'une nouvelle crise se prépare ; vous feriez bien
de lui proposer de se confesser. » A 11 h. 1/2 pendant que je
disais mon bréviaire à côté de lui, il me fit signe de me mettre
devant lui, ce que je fis immédiatement sans comprendre
pourquoi. Quelques minutes après, il me fit signe de m'appro-

cher et me dit: » J'ai cru avoir une crise tout-à-l'heure, ça passe ! » Je lui répondis : « Père, il y a aujourd'hui huit jours que vous vous êtes confessé : justement aujourd'hui vous n'avez pas reçu la Ste Communion ; voudriez-vous vous confesser et recevoir le Sacrement de Pénitence ? c'est toujours un secours bien puissant. » — « Volontiers, et d'autant plus que je mourrai dans une crise et il ne la faut pas bien forte. »

Après la confession je m'agenouillai et je lui dis : « Père, en vous remettant une fois encore tous vos péchés, je viens de travailler pour vous au nom de N. S. ; maintenant il est bien juste que vous travailliez aussi un peu pour nous au nom de N. S., qui a une grande prédilection pour ses membres souffrants : bénissez-moi, Père, bénissez les enfants du séminaire et de l'Orphelinat. » — Et il nous bénit, me promettant de venir à mon secours autant qu'il le pourrait dans toutes les occasions difficiles que je rencontrerais. J'ajoutai ; « Tous ceux que vous aimez ne sont pas ici, et pourtant ils ont autant, si ce n'est plus de droits que nous à votre bénédiction, bénissez aussi votre Père, votre Mère, vos Frères et vos Sœurs et tous vos Parents. » — Et de nouveau il lève la main et du plus intime de son cœur, il bénit toute sa famille : « Oh oui ! je prierai bien pour eux..... Je les aiderai de tout mon cœur,..... si le Bon Dieu me le permet,..... autant qu'Il me le permettra... Vous leur direz que je meurs content,... bien content,.... à mon père, que je ne voudrais pas vivre, si je devais encore commettre un seul péché;..... j'aime mieux mourir;..... on ne sait pas ce que c'est que le péché,..... il faut être près de la mort.... » — « Père, baisez Notre-Seigneur, et dites-Lui : « je vous aime, Seigneur, mais je voudrais vous aimer davantage,... vous aimer autant que vous m'aimez. » J'aurais voulu que dans cette circonstance, vous et des centaines d'autres, vous voyiez avec quel amour, et quel transport il baisait son crucifix.

Le soir, il eut quelques petites crises ; j'avertis mes confrères du séminaire qu'il serait prudent de recommencer à le veiller; que Sœur Romuald, la supérieure des Sœurs, que notre malade aimait tant et qui était aussi attentive qu'une bonne mère à prévenir les moindres désirs de notre cher malade, et Sœur Pulchérie feraient la première veille et même plus, si le malade n'allait pas mieux, et que nous, nous continuerions le reste de la nuit; je priai aussi le missionnaire de *Cù-lao-Gieng* de venir dormir au Séminaire, afin que, s'il y avait quelque changement, tout le monde pût être averti promptement.

Le soir, j'allai comme de coutume, lui réciter la prière du soir avec la recommandation de l'âme et quelques autres priè-

res qu'il aimait beaucoup et qu'il avait soin de réclamer quand
j'étais en retard, et qu'il croyait que j'avais oublié. Après la prière, le baisement du Crucifix et après avoir pris de l'eau bénite,
il se plaignit de manquer d'air. Lorsque je sortis, la Sœur me
dit : « Je crois que l'agonie commence. » — Ces paroles m'é-
tonnaient beaucoup : je le voyais en pleine connaissance. Après
quelques moments d'hésitation, je prévins les confrères et les
élèves, je demandai à notre malade s'il désirait que nous récitions les prières des Agonisants. Il me fit signe que oui, prit
son crucifix, le baisa avec tendresse. Après avoir récité les litanies, je ne continuai pas ; nous nous retirâmes, nous contentant d'aller les uns après les autres, chacun à notre tour, voir
notre pauvre confrère, afin de ne point vicier l'air de sa chambre.

Vers 10 h. 1 2 du soir, nouvelle crise avec sueur, nous récitons encore une partie des prières des agonisants. Je lui dis :
« Père dites de cœur : Jésus, Marie, Joseph, je vous aime et
veux vous aimer éternellement de tout mon cœur, j'ai intention
de gagner toutes les indulgences plénières à l'article de la mort
que je puis gagner : indulgences du Scapulaire, de l'Angelus,
des actes de foi, d'espérance et de charité, indulgences de
toutes les Associations pieuses dont je fais partie. » — Il me
fit un signe affirmatif et baisa de nouveau son crucifix avec
amour. Croyant qu'il allait mieux, nous allâmes nous reposer
vers minuit, laissant la sœur supérieure, la sœur des malades,
un confrère et deux élèves pour veiller ; je devais venir veiller
à 2 heures.

A 1 h. et demie, j'entends la sœur des malades qui appelle :
« Vite! » — Notre cher confrère, après avoir bu un petit verre
d'eau sucrée, avait perdu connaissance. On appela tous les
Pères, je renouvelai l'absolution, continuai à l'exhorter de
temps en temps au sacrifice de sa vie : il semblait dormir, tenant son crucifix en sa main, sur son cœur ; seulement la respiration était de plus en plus rare : à 2 heures il n'y avait plus
un souffle.

Je fis sonner le réveil, les élèves vinrent tous réciter une
prière auprès de son corps, puis se rendirent à la chapelle pour
réciter en Annamite les prières des morts, pendant qu'on
habillait le corps, que nous descendîmes provisoirement dans
une chambre du rez-de-chaussée.

Le matin eut lieu le transfert du corps à la chapelle où, revêtu des ornements sacerdotaux, il resta exposé jusqu'au dimanche à midi : On ne se lassait pas d'admirer sa figure souriante au milieu des vases et des guirlandes de verdure qui
entouraient son lit funèbre. Depuis le moment de sa mort

jusqu'à son enterrement, à chaque heure du jour et de la nuit, six élèves venaient le veiller et réciter à deux chœurs les prières des morts. Pendant le jour, les sœurs de la Providence de Portieux avec leurs orphelines, les invalides de l'Hôpital, les différentes chrétientés du district sont venus prier aussi chacun à son tour.

Le dimanche 20 novembre, à midi, après l'arrivée du P. Barbier, nous disposâmes le corps entièrement souple, quoiqu'il y eut plus de 34 heures qu'il fût mort, dans le cercueil. À 2 h. 1/2 nous chantâmes les Vêpres des Morts. Le P. Barbier officiait ; à 4 heures 1/2 office chanté de Matines et Laudes, présidé par le P. Turlin qui est aussi franc-comtois. Le lendemain 21 à 8 heures du matin, le P. Janin (1) chantait la messe solennelle d'enterrement : nos diacres cédérent leur place, non sans regret au P. Valour et au P. Barbier. La chapelle et la tribune étaient remplies. Nous avons déposé le corps derrière notre chapelle, afin que notre cher confrère devienne notre protecteur. Une belle croix en fer forgé, cadeau qu'un ami de France m'a fait il y a quelque temps, protège son tombeau ; J'ai demandé une pierre sépulchrale pour lui faire un petit monument ; je pense qu'elle arrivera dans trois mois : elle rappellera aux confrères et aux élèves de prier pour celui que nous avons tant aimé.

Après l'enterrement, chacun soulageait son cœur, comme je le fais maintenant, en parlant de notre cher ami. Il serait trop long de vous redire les éloges qu'on en faisait, éloges d'autant plus sincères qu'ils coulaient plus naturellement du cœur : nous avions perdu un charmant confrère, toujours gai, plein d'esprit, toujours patient, même au plus fort de la maladie ; la Mission avait perdu un de ses ouvriers les plus intelligents, et moi un de mes meilleurs amis ; tous, nous gagnions un protecteur au ciel.

Daignez agréer, etc.

J. B. GROSGEORGE, miss. ap.

(1) Provicaire apostolique, originaire du diocèse de Saint-Claude.

Imprimerie J. MAYET et Cie, à Lons-le-Saunier.